AF276199

DESALMADA REBELDÍA

DESALMADA REBELDÍA

NATALIA GAONA DOPORTO

Valparaíso
EDICIONES

Número 556 de la Colección VALPARAÍSO DE POESÍA
dirigida por FEDERICO DÍAZ-GRANADOS

Diseño de la colección: Chari Nogales
Maquetación: Ciclo Creativo
Imagen de portada: Natalia Gaona, *Desalmada rebeldía*

Primera edición: febrero de 2026

© De los poemas: Natalia Gaona Doporto

© Valparaíso Ediciones
C/ Fray Leopoldo, 7 bajo, 18014 Granada
www.valparaisoediciones.es

ISBN: 979-13-88007-37-8
Depósito Legal: GR 176-2026

Impreso en España - *Printed in Spain*
Gráficas Gami

Cualquier forma de reproducción, distribución, comunicación pública o
transformación de esta obra solo puede ser realizada con la autorización
de sus titulares, salvo excepción prevista por la ley. Diríjase a CEDRO
(Centro Español de Derechos Reprográficos) si necesita fotocopiar o es-
canear algún fragmento de esta obra (www.conlicencia.com; 917021970
/ 932720445)

*El papel utilizado para la impresión de este libro está calificado como papel ecológico
y procede de bosques gestionados de manera sostenible*

DESALMADA REBELDÍA

A todos mis muertos y a todos mis vivos

+

HORA DE ACOSTARSE

Navego confusa entre la juventud y la tradición.
Entre el océano que divide continentes.
No recuerdo qué se siente al olvidar.

Ya no le rezo al miedo pero aún le guardo devoción.

EPITAFIO I

Sé que duermo y realmente nunca despierto.
Sé que lloro y entrego todos los secretos
para que la nada me responda con un verso.
Sé que vuelo aunque me desconozcan las alas que llevo.

Veo por primera vez un duelo.

EPITAFIO II

Por el límite de la fuerza camino
y en lo oscuro te extraño tanto.
Te extraño como si nunca hubieses existido,
como si nunca hubieras estado conmigo.
Te extraño tanto que te anhelo.
Lo vivido se me escurre a la dimensión de lo que no ha
sucedido.

ÉRAMOS UNOS NIÑOS

Éramos unos niños,
y no habíamos llorado lo suficiente.

No habíamos sido abandonados en un cementerio,
un frío atardecer de febrero,
viendo a los muertos ser tragados por el suelo.

Éramos unos niños
y no extrañábamos esos tiempos
en los que todavía no sembrábamos,
con tanto anhelo,
las flores que morirían al siguiente invierno.

CODOS RASPADOS

Era un corazón pequeño,
el de una niña de pelo enmarañado
y codos raspados.

El de una niña
que no se imaginaba
ni por una brisa
el huracán que venía.

SABORES

Ya, mamá,
ya lo sé.
Ya sé que todo lo que tiene sabor a muerte
lo tiene también a vida.
Pero como me da ansías el otoño
que resucita al invierno que creía extinto.
A su dolor y su frío.
¿Cuándo terminarán las despedidas?
¿Cuándo los funerales?
y las flores, mamá?
¿Cuándo regresarán las amarillas?
Ya no quiero probar el sabor a vida,
mamá,
es que me sabe mucho a muerte.

ULTRAMARINO

Pinté con mis manos un mar pequeño pero profundo y
una mujer cuyas clavículas eran las olas.

Escuché tu voz soplándome en el tiempo, rompiendo el
voto de silencio.

Atravesando las brisas de mi playa llegó tu aliento,
un secreto que revela nueva poesía y un cuento de mi vida.

Todo es mentira y yo no existo,
si no me nombras.

El universo incendió mi océano pero me revivió.
Dijiste mi nombre y se me reveló lo eterno.

Me enunció un pájaro
con cierta amargura,
entre la tiza de colores
que ensucia una pared sagrada
y los versos borrados
por mis manos de misterio:

> libera las aves que, como tú, vivieron enjauladas.
> Privadas de la libertad de sus alas,
> aún siendo las dueñas del cielo.

CONSTELACIÓN

Enterré yo misma el ataúd de la inocencia,
Busqué la libertad que prometió dejar atrás
pero solo encontré crueldad.

La confesión más cruel del mundo se la hice a mi belleza.
Imposible hablar de mi débil humo vital,
solo sé que estoy un poco muerta.
Pero la muerte también está un poco viva
y de lo que transforma me nacen versos.

De mi sangre se escribe mi historia
y yo estoy aquí,
salpicando gotas como estrellas
fracciones de la constelación de mis experiencias.
Piezas únicas de un rompecabezas
tan complicadas
como necesarias.

Pizcas de polvo,
milagro y juventud eterna,
reflejos de mi sed sincera.
Cristales rotos,
añicos de un vestigio que agoniza anunciando vida.

LUNA ROJA

Mi infancia va montada a caballo salvaje.
Se pierde en el profundo llano
y de su paso solo queda movimiento.
Del movimiento nací yo.
Para amar.

Tengo dos lunas colgadas del pecho.
No confíes en mí.
Que controlo la marea y te controlo a ti.

RESISTENCIA

Yo resisto cuando deseo profundo,
cuando hiervo y me tiemblan los dedos de placer.
Quiero morir en él
y morder las naranjas que cuelgan de sus árboles eternos.
Que se creen que son arte,
que son la pintura fundida de un cuadro impresionista,
un cielo falso.
Tantas bocas mentirosas,
fuentes desleales que nutren las flores de ilusión.

Crecimos para dar tiempo al mundo.

Resisto cuando la poesía se me aparece
y me dice que ya no quiere ser escrita.
¿Qué puedo hacer yo con aquella información?

Anhelo tacto
porque sentir me encanta
y yo sé que en el origen me ven como indefinición,
como provocación.
Pero,
¿qué puedo hacer yo con aquella información?

Me atrevo a querer sumergirme,
a no escucharlos.
Y también a querer que entres en mí como esa luz,
esa luz que ves en la ventana las noches doradas
y los días de color naranja.

SABORES II

En mis pestañas saladas habita el mar,
nací de la espuma sagrada.
Todo el agua del mundo ha caído por mi cara.

La verdad es confusa y falsa pero marca,
deja su paso por las entrañas y para siempre una mirada.

Todos vamos amargos.
Pero si vienes conmigo,
verás que dentro de mí hay dulzura.
Tengo sed de toro y un oído que escucha violín.
Quizás soy una hedonista.

Creo que el cielo se parecerá un poco a nosotros dos
cuando brillamos de deseo,
dispuestos a construir un nido
donde quepan todos los pájaros del mundo.

Nos pintaremos un sol si es de noche,
aunque a mí me guste la luna.

Mi cuerpo elevado de nuevo.
Hay intensidades de las que no podré escapar
hasta que me escape de la carne.
Aún así, estoy segura de que muerta seguiré anhelando.
Una luz naranja,
una libertad no tan amarga.
Buscaré para siempre entre los bosques lo más cercano a
la dulzura,
la que me prometieron aquellos poetas.

CUANDO ME HABLAN LOS MUERTOS

Los muertos me hablaron a través de los cuadros
que me encierran.
Mis muertos,
los que le hablan a mi papá cuando pinta,
cuando llena los muros de arte naciente.

La música de mi hogar me persigue.
Del origen nunca se escapa
y mis ancestros siempre rugen.

Cuando presto atención,
el cielo me habla.
Y las raíces,
y mis abuelos
y el tiempo.
Me dicen que pertenezco al sentir extremo.

Soy yo, la que habla con los muertos.
Soy yo, cuando respiro y cuando escribo.
A veces, cuando bailo.

Soy yo, la que habla con Dios.
No soy especial, solo sé escuchar.
Escucho los susurros del viento
y el tiempo me cuenta la historia del arte.

PAUSA DE PRIMAVERA

Me deshielo.
Solo deseo silencio
para disfrutar de mi soledad que aúlla.
¿La paz se encuentra
de qué forma exactamente?
En un mundo tan sobrecogido,
sobreexplotado,
sobrevivido.
Necesito terminar con el exceso.
Necesito tiempo y me parece que es un privilegio.
El privilegio de quedarse quieto.

Revivo de mi infancia a la niña muerta,
enterrada.
Si la ignoro voy a ser una desdichada.
Tengo que ser una mariposa,
unas alas, un abanico, una ola.
Un lujo en un mundo vacío pero sobrelleno,
un lujo que oculte injusticia.
Hay muchos como yo que lloran por ser testigos en
abandono y confusión.
No entendemos,
¿por qué los nuestros son crueles y viejos?
Son milenarios pero conservan
ante todo
el dolor.

NOMADISMOS

Buscamos conmoción.
Incluso los que ayudan quieren ampliarse en su
compasión,
en la paz de pretender y con corazón comportarse,
extenderse en lo humano.
Descansar en la desgracia
y a pesar de ella.

Yo también busco mango fresco en verano,
comprado en fruterías de cuyos techos cuelguen piñatas
y cuyos suelos sean tan viejos que parezcan sucios.
Olor a tortillas de maíz y guisados frescos para verterles.
Un campo, un sol, nopales y un perro que olisque mi
plato
trozos de mango cortado
amarillos y satisfactorios
con sal y chile piquín.

Busco regresar a casa para conmocionarme.

También busco un pájaro posándose
o una mariposa volando cerca del agua
tentando al riesgo
en su viaje de migración.

Y los aviones,
busco leer mensajes entre las pisadas aeroportuarias,
frenéticas
apuradas.
La curva del mundo en mi ventana,
la línea de Nix
y las estrellas invisibles,
que toda la noche viajan calladas.
Incluso espero que me conmueva la pantalla
que reduce un planeta inmenso a centímetros
y el puntero
que me pone a mí en movimiento
en medio
del mar.

CARTA DE AMOR NÚMERO UNO

El llanto me ha borrado las marcas del cuerpo.
No tengo arrugas pero mi juventud es ilusa,
es frenética y ama,
demasiado espontánea.
Vuela porque es demasiado pájara.

Nunca podrán contenerme
y yo nunca estaré saciada de mundo.
Esta vida no me será suficiente,
ni tú.
Pero no nos faltará el aire.
Tampoco el arte.
Y no nos fallarán las convicciones,
aunque sean prisiones.

Seré tu sed.
Serás mi calor.
Seremos el hambre de amar de la humanidad.
Una oración por el fuego y el mar.
Por el aire que nos unirá.
Seremos el llanto de la salvación.
La muerte y el tiempo.
Seremos el deseo.
Cualquier religión.

Nos amaremos y nadie lo sabrá.
Salvajes en el aire intentaremos volar
hasta que se nos vayan las dos vidas
que son demasiado pájaras.

Seremos tan secretos que no existiremos.
Seremos luego.
Siempre un anhelo.

LAS SIRENAS DEL ATLÁNTICO
ESCRIBEN CARTAS DE AMOR MUY LARGAS

Nadie entiende mis extravagancias
pero yo prefiero ser malinterpretada.
Yo soy lo imposible.
Yo soy todas las mujeres.

Se me aparece un fantasma de carne y hueso.
Frente a frente en el océano,
soy capaz de decírtelo todo.
Pisamos la misma arena
y sentimos la misma sal en los poros.
Nos atraviesa el mismo tiempo,
un hilo que quema y deshace lo frágil
como la carne.
Como tú y yo.

Yo te espero al final de todo lo que ha sido escrito.

No se tú.
Pero para mí
todo es frenesí y luego recuerdo.
Tú, por ejemplo,
tú ya vives eterno en mi memoria,
aunque estes aquí.

El mar nos va a dividir,
las olas nos van a diluir.
La historia nos olvidará.

Me da igual.
Tengo deudas adelantadas con el futuro que quizás no llegue.
Habrá que despedirnos si lo hace
(solo si lo hace).

Tus deseos profundos:
quiero respirar en ellos
y sentirte dentro.

Quiero excavar los secretos que le cuentas a las olas,
los acantilados desde los que te avientas esas noches atormentadas,
aunque nunca logre entender tus pesadillas.

Lejos, la distancia será nuestra palabra.

Cuando te vayas te voy a mirar mirarme.
Cuando atravieses el agua de nuevo,
verás nuestro preámbulo de amor.
Escucharás entre las turbinas mi poesía.

Será en la próxima vida que quizás nos toque vivir sin dolor.

Hasta que te mueras viviré inocente.
Porque yo soy pura,
yo soy de mí,
de ti por un rato
y de nosotros para siempre.

Amo vivir y por consecuencia te amo a ti.
Pasiva te querré porque somos juntos al tiempo,
un olvido.

Una evidencia más de que todo se va.
En la ausencia permaneceremos,
yo lo sé aunque a ti te falte la fe.

La fortuna te quiere a ti
y de tu libertad se alimenta la mía.
De mis pájaros comerán los tuyos
y volaremos.

Un día, volaremos.

No quiero irme sin antes darte un beso y leer tu sentencia,
tu misterio existencial.
No quiero morirme ahora porque antes te quiero escuchar,
aunque sea un ratito más.

Ojalá tus manos fueran perpetuas y tu deseo sincero.
Ojalá el tiempo deseará lo eterno.

Antes de irte apriétame todo el cuerpo.

Prometo besarte y atravesarte como te atraviesa el tiempo
y nos atraviesa el mar.

EN EL NORTE O CARTA
DE AMOR NÚMERO TRES

Podría estar en el norte
viendo la ventanita al mar y las luces bonitas.
Podríamos besarnos hasta que se nos terminen los soles.
Un ratito nada más.

Ve despacio, que he llorado demasiado.

Últimamente los cielos huelen a poesía.
Es el otoño que viene,
invierno aquel de la muerte
que me toca profundo como tus manos ayer.
Me toca lo que los meses cálidos han dejado.
Vestigios.
Ruinas.

Va a morir el sol pero no va a desaparecer.
En su lugar,
aparecerá un campo de árboles de manzanas
lleno de abejas que harán miel.
Y yo voy a comer pizza.
Con miel encima, manzanas y queso de cabra.

Volveré a visitar tus brazos,
te lo aseguro.

Voy a viajar esperando que el sol regrese.
He estado pensando mucho en la muerte.
Porque a veces, amor, creo que me persigue.
Pero me equivoco.
Nos persigue a todos.

(y por eso quiero amarte).

Mi experiencia,
la tuya.
Es la experiencia humana entera.
Son un millar de voces, de cantos y de goces.
Son un millar de tumbas repartidas por el mundo
y flores olvidadas
marchitas
chupadas por el viento.

Pero eso que tanto nos conmueve y nos hiere de la
muerte,
eso que tiene y que es suyo pero también es nuestro,
es la vida
Amor
es la vida

Te prometo que te voy a escuchar
y me voy a comer el jengibre y la canela.
Porque deseo ver más atardeceres
y deseo verte a ti.
Por eso iré al norte.
Pero antes te mandaré esta carta:

No te muevas
que voy al norte.
Voy a ver los barcos desnuda.
A tocar el hielo con los pies.
Yo estuve por el sur
y miré al mar,
a las olas rompiéndose en las piedras,
la espuma que siempre regresa.
Lloré de placer
porque me di cuenta de que el agua que veía
es la misma que sube a ti
y a la ventana por la que ves el norte.
Después cruza el planeta
y toca mi tierra.
Así que lloré porque en el mar miré mi casa y te vi a ti.
Después caminé feliz,
veía muchos como yo
anhelantes
pero un poco tristes.
Porque siempre estoy un poco triste.
Porque la tristeza siempre va a estar ahí.

He llorado mucho la muerte de muchos hombres
y la muerte del sol.
Aunque no muera,
aunque siempre regrese.

Pero no me es suficiente.
Amor,
nada me es suficiente.

Me enfrío
porque ya vuelve el invierno.
Me voy,
me voy al norte.
Me voy a ver al sol morirse solo para nacer de nuevo.

PILAR EN MADRID

Mi tía me enseñó a leer muy lento.
Me leía poesía infantil
y yo me aburría.
Porque leía cada palabra como si cada letra fuera un
chocolate entero
y ella se lo fuera tragando.
Tragando no.
Deleitando.
Exprimiendo.
Muy lento, lentísimo.
Mordiendo de esquina a esquina.
Esquina que no existe porque el chocolate era un círculo.
Los círculos no tienen esquinas.
Pero ella se las inventaba y luego se las comía.
Después escupía el chocolate.
Me vomitaba las palabras que se había tragado.
Como las mamás pájaro que digieren antes que sus crías
y ellas no lo entienden pero lo hacen porque la
naturaleza les sopla instrucciones que resuelven los
misterios de la vida.
Y así,
vuelan un día.
Y así, me leía poesía.

Yo me dormí muchas veces por dentro
aunque nunca cerré los ojos
porque no quería herir sus sentimientos.
Otras muchas veces sí la escuché.

Por ella aprendí que escuchar es más importante que hablar
y leer que escribir.
Llegué a saborear las palabras como ella.
Me parecía que su (falta de) velocidad y su tan perfecta
pero humana forma de pronunciar cada esquina de cada
palabra era absurda.
Pero cuando la escuchaba se me sembraban arboles en los oídos.
Fueron tantos que ahora tengo la cabeza llena de semillas.

Me leía poesía y me obligó a escribir un poema.
Yo no sabía escribir.
Yo dije un poema.
Ella lo escribió.
"Las botellas de agua
encierran mariposas".
Algo así era.

Me leía y leía fuerte.
Claramente abría y cerraba la boca,
hablando español.
Yo le pregunté por qué nuestro idioma se llamaba español
y no mexicano.
"Porque México fue conquistado por España hace muchos
años, Natalia".
Yo pensaba que quizás sería mejor seguir siendo España,
porque España estaba en Europa
y a Europa le iba muy bien.
A nosotros no.
Pensé en Francisco I. Madero,
que como todos los niños de México, pensaba que eran
dos personas.
Ambas con bigote.

Luego crecí y me di cuenta de que, después de todo,
sí me gusta la poesía.
Se lo agradecí a mi tía, la de la voz de chocolate.
Y ella orgullosa se lo contó a toda la familia en una
borrachera.
Yo no estaba porque también estaba tomando tequila,
pero al otro lado del mundo en un rincón de España.
Cuestionándome qué significa ser mexicana.
Qué significa leer poesía
        (lento)
y escribirla
y escribir
y hablar español
y leer como si estuviera mordiendo las esquinas de un círculo.

OMBLIGO DE LA LUNA

Me pregunto:
¿A QUIÉN CHINGADOS SE LE OCURRIÓ
CONSTRUIR UNA CIUDAD ENCIMA DE UN LAGO?
A los aztecas.
Pero quizás no les importaba que un día todo
desapareciera,
quizás entendían el principio de la no permanencia.
Crearon el ombligo de la luna condenándolo a
desaparecer como Pompeya.
A ser enterrado por las grietas
de las furias de Quetzalcóatl.
A hundirse como la Atlántida.
Y, al hacerlo,
no pensaron en nosotros los mexicanos
que no somos ni españoles ni aztecas
y que además de lidiar con nuestros conflictos de
identidad
tenemos que aguantar los problemas geográficos de
nuestra capital.

Aquellos ocurrentes
construyeron un imperio
pero lo hicieron con un poco de vergüenza.
Lo natural de mi tierra,
del lago que se ha tragado todas mis penas
y las de los míos.

DEFORESTACIÓN

Mi poesía está muriendo.
Junto con el papel y los árboles que taladran en los bosques.
Igual que las personas que mueren a balazos,
aquí en donde sublevamos.

Mi trabajo, según solía creer,
era hacer que alguien supiera que en algún tiempo asesinaron
y masacraron en mi tierra y en muchas otras.
Nuestro trabajo,
era constatar la tiranía de estos días.
Dejar saber que hay crueldad en este espacio y en este tiempo.
Esperando, con anhelo, estar documentado el final de la violencia.
El renacer.
Ser testigos de las últimas gotas de sangre que derrame la
humanidad y escribirlas para no olvidar.
Pero se nos está acabando el papel.
Los árboles se extinguen y las balas no.

OMBLIGO SANGRANTE

¿Por qué no me puedo sentir libre en la tierra que me vio nacer?
Es traición,
no mía.
Sino de los que les es indiferente verla derramada en
nuestra sangre.
Removidos por su ambición inacabable,
asquerosa.

Nos van terminar matando a todos.

Si no a balazos,
de dolor.

TODO LO QUE HE SIDO

Fui la culpa,
la prostituta,
el pecado
y fui la semilla
de la que nació el mundo.

Fui la musa y fui la artista.
Fui la creadora y la creada.
Fui la amada
y fui la amante.

Fui porque me dijeron que fuera,
que muriera,
que matara.
Fui herida
y fui maltratada.
Fui una de las quemadas.
Una de las olvidadas,
de las que no tuvieron nombre.

Fui también una de las recatadas
y de las indecentes.
De las putas,
de las madres
 y de las hijas de puta.

Fui mis enteras intenciones
y mis ojos multicolores.

Fui toda la sangre.
Fui las lágrimas.
Fui el dolor injustificado.

Fui para destruirme,
para destruirnos a todas.

Pero ahora:
soy el grito milenario.
El eco desesperado de un pasado incómodo
doloroso
que aprieta demasiado
y cuyas voces cantan en el infierno.

Soy la condena del silencio que se creyó eterno
y que engañó por mucho al tiempo.

Soy ahora la valentía con la que se logra amar al mundo,
aun cuando cada día
me desgarra un poco.

JUANITA

Juana contempla bonita el féretro de su esposo
envuelta en su hábito negro
y en su mirada veo la angustia de la historia entera.
La de todas las mujeres,
de todas las locas,
de todas las que hemos existido y hemos perdido
cada día un poco más.

Ver a Juana me hizo llorar,
cuanto desea ser salvada,
cuánto desea poder salvar.

Pero no podremos, Juana,
no podremos.

GOZO

El goce de esperar aquello que tiene certeza de no venir.
Nunca.
Quizás el secreto es que no existe.
Pero la expectativa sí
entonces algo tiene que suceder
aunque sea en la imaginación del niño que grita aquí a un lado.
Que osa interrumpirme escribiendo.
Que llora en representación de todos los lamentos del mundo
        (que son muchos).
Escucho su angustia.
Llora porque el mundo no existe para satisfacerlo
y a mí tampoco.
Él sabe, por dentro,
que no me satisface nada.
Que no llega ni llegará lo que espero.
Pero yo no sufro,
yo espero.

PAPIROS

Escribo para que no me mate el tiempo
aunque sea un intento iluso
aunque sea demasiado pretencioso
aunque exceda mi naturaleza
aunque sea un grito desesperado e inútil que me deje en
evidencia
ante el inevitable destino del olvido.

Fugaz moriré.
Danzantes y pérdidas mis palabras me sobrevivirán
pero sólo un poco más.

LOS PECES SUEÑAN CON SER ARTISTAS

La primera palabra que dije fue pez.
El primer sonido articulado que salió de mi boca
aludiendo a un significado,
tomando vida a través de mis labios
debido al antiguo intento humano de definir lo que no
quiere ser definido fue:
pez.

Estamos condenados
Condenados al erotismo del misterio,
al eterno e insaciable deseo de comprender el sueño que
no quiere ser comprendido.

En un mar infinito,
que se llama mar porque así le pusimos,
nada un animal que se llama pez,
porque así también le pusimos.

En un lugar inmenso del que no nos pertenece ni un rincón,
en un universo exquisito
del que somos visitantes
que se creen ilusamente trascendentes,
estamos nosotros.
Condenados a desear para siempre.

DESEOS

Pase tanto tiempo sin poder escribir,
sin ser capaz de mover los huesos de mis manos
para dibujar lo que me dictaban las entrañas.
Y el silencio me dominó por los siglos de los siglos.

Cuando hablaba me callaba.
Cuando escribía me quemaban.
Cuando me enamoraba me volvía loca.

Aún vivo en un lugar confuso,
ahora, al mismo tiempo que todos los milenios.
Pero puedo escribir.
Me nacen las palabras y desbordan con abundancia
todos los ríos del mundo
y los mares.
Incluso me ahogan un poco.
Pero las palabras salen.
Flotan después
hasta perderse solas
para que alguien las encuentre un día
dentro de una botella nómada.

Desheredo al silencio.
Ya puedo escribir de mi deseo.
De lo que yo pensaba mientras otros gobernaban
                              vacíos el terreno.

Insaciable.
Lo que deseo no tiene forma de encerrarse en palabras
pero tampoco cabe dentro de mí.
Entonces hago un intento inútil.
　　　　(No de saciarlo, eso sí que sería estúpido)
Sino de vaciarlo un poco para evitar un desborde.
Para que pasee por las colinas de mi piel,
Para que grite,
aullé
y
gima.
Para que rece.

Porque yo ya no quepo en ningún templo.
Me han contagiado de soberbia,
de desilusión.
Pero la literatura no me miente.
No me pide una religión
y no me exige pagar deudas con lágrimas.

Un día nos vamos a encontrar de nuevo.
Cuando a la vida
yo ya no le sea suficiente,
cuando me convierta en polvo.
Y regrese.
Regrese a tus entrañas,
a las de todos.

SABIDURÍA

La vida no me debe nada.
No espero nada de ella.
Y reitero todos los días cuando despierto:
No
cederé
complacencias.

Me he liberado,
aunque no sea un pájaro.
Aunque a veces mi cuerpo y mi alma
pasivos
descansen
e ignoren con suavidad y conciencia lo que hubiera
preferido no conocer.

CRISIS EN UN VUELO DE IBERIA

Voy en un avión
haciendo turismo trivial
sin saber nada del mundo.
Confundida por el pasado y por la televisión.

La muerte y la felicidad conviven,
juntas exploran mis pozos.
Dios, ¿nos vas perdonar a todos por igual?
Mis pecados no son iguales.
He mirado cuando me habían prohibido mirar y así
descubrí la indiferencia con la que vivo y con la que
viven los otros.
Los justifico.

Quiero aprender a amar de verdad.
Me confunde lo que se va aunque sea natural.

Lo hubiera acompañado, si hubiese podido,
a verlo morir.
Mientras muriese me hubiese regalado vida,
sábila horrorosa.

Hace tiempo que no voy a un funeral,
quizás debería de ir a uno para honrar mi nacimiento.

No quiero imponer una interpretación,
no quiero que nadie lo intente.

Hasta mi felicidad es triste,
nostalgia adelantada.
Inevitable.
Creciente.
Soy la encarnación de la pretensión humana, el fracaso real.

No intentes hacerme inferencias.
Ni leerme los propios versos
escritos en mis piernas.
Enigma joven,
pero no mío.
¿No ves que no pertenezco?
No me leas.
Mejor plántame una semilla bella
adorable y no eterna.
Verdadera,
que muera como yo.

Haz que valga la pena mi espera.
Súbeme a un avión,
en mi casa me esperan.
Remíteme a una perdida más grande que esta.
Fueron muchas,
han sido muchas.
La tuya es la peor.

Te enviaré fotos de mi rostro,
de mi piel cicatrizada,
mis ojos llorosos.

No puedo dejar de hablar de la muerte.

Voy a enviarte una foto del hueco que tengo en el pecho,
aunque no se deje ver.

Tengo los diarios saturados.
Qué placer tener que escribir,
qué dolor tener que morir.

No quiero fármacos de esos.
Recétame algo quieto.
Algo que decida
no moverse.
Permanecer.
Fingir aunque sea.
Que pretenda entender la humanidad,
aunque no lo quiera.
Que se quede,
aunque yo me muera.

EL CIRCO DE LAS ILUSIONES

De mi cuello cuelgan las vergüenzas de mi tierra,
de espinas un crucifijo se me entierra en las venas.
Suenan las campanas de todas las iglesias.
Nos han salvado con sacrificio.

Al mismo tiempo,
respiro porque mi alma se ha calmado
aunque mi pecho nunca olvidará tus huellas.

Descubro entonces:
fuera de mí no hay nada,
dentro está todo el agua.

Leo un libro destrozándose (nos),
desaparece poco a poco y va (mos)
dejando (nuestro) cadáver.

Yo nunca he creado algo.
Yo fui creada.

Nunca he (mos) sido artista (s).
Siempre fui (mos) ilusionista (s).

Por eso:

hagamos un circo de rosas.

Esclavicemos a las espinas.

EN EL OLIMPO

Sus raíces se encarnan.
Se van juntando para siempre a mis omoplatos.
Sostienen mi bandera.
La patria que no piso,
la falsa escudera.
Los abrazos que no puedo recibir.
Los tiempos en los que me niego a aparecer.
Seré un ángel.
Volaré por la circunferencia de este planeta,
perdonando a los que me hicieron daño.
Perdonaré a mis hermanos que se perdieron.
Y a mí,
que yo también he sido mala.
No fui lo que esperaban,
nunca lo seré.
He sido siempre una llorona
dando vueltas al mundo
avergonzada.
Soltando palabras que nadie escucha.
¿Por qué veo tanta muerte?
y me persigue el tiempo.

A mí no me ha salvado.
Pero me pide mucho.
Es mucho pedir que confíe en el silencio
cuando he callado toda la vida.

La condición efímera que he amado me ha engañado
y yo quisiera haber nacido en el Olimpo.
Ser un pegaso,
así sabría perdonar.
En un mundo donde las mentiras escribiesen historias bonitas
y explicaran porque el dolor crea estrellas.
Constelaciones que traspasan los milenios y recuerdan,
que los de abajo no somos como ellos.
Que nunca lo seremos.
Que moriremos.

Un mundo donde las mentiras inspirasen el arte más bonito.
No como este,
en el que las mentiras construyen religiones.
Catedrales de sangre hechas para perdonarnos
y ocultar el pavor.

¿Y por qué no aceptar la desgracia?
Significaría asumir la humanidad.
¿Por qué no admitir el dolor eterno?
Rendirnos al misterio,
al vacío.
El pecado y la desobediencia,
la condena.
Yo admito que llevo la culpa de la humanidad entera,
que me sangran las piernas.
Como a mi madre.
Como a una cualquiera.
Lloro por angustia de un anhelo absurdo,
desesperado de certeza.

No voy a ser un ángel.
Seré ceniza encarnada en la arena.
Viajaré por todos los mares.
Moriré porque soy mortal.
Pero si hubiera nacido diosa,
entonces pasearía por todas las playas del universo
desnuda para siempre
y sin vello corporal.

SAN FRANCISCO Y LISBOA

"No viajes con alguien a quien no amas", dijo Hemingway.
Por supuesto que no.
Y viaja sola.
Cruza el mundo
Intenta una y otra vez causar estremecimientos en sus
cimientos.
Pequeños terremotos.
Así lo miras de verdad.
Plural.

Vi en Castro la bandera gay alzada con toda libertad por
primera vez.

Mi papá tenía un despacho cerca del mar.
Yo despertaba en una casa victoriana.
La brisa era rápida pero esperanzadora.
Conmovedora cada mañana.
Los mercados de granjeros estaban llenos de duraznos
desiguales.

Ahí escribí uno de mis primeros poemas.
Fue mi pubertad.
Mis dos semanas de destrucción de fronteras.
Lana del Rey.
Ultraviolence.
Bootsy Collins.
Cerca de Los Ángeles
y como decía el poema de un niño migrante:

"Los ángeles no están en el cielo.
Están del otro lado del desierto"

En San Francisco,
los suelos del baño están calientes.
Las toallas también.

Fui con Sandra a *Neiman Marcus*
No me quisieron dar *champagne* porque no son europeos
y tengo catorce aunque parezco de dieciséis.

En San Francisco aterrizas casi en el mar.
Yo viajaba en avión sola por primera vez.
Pensé que nos íbamos a ahogar.

Vi la creatividad, la libertad sexual y el arte.
La desgracia ya la había visto y la injusticia también.

No volví a sentir esa especie de brisa hasta Lisboa.
A los veinte.
Sin mi papá,
con amigas:
          una mallorquina
          una china
          y una mexicana.
Como un chiste.

Lisboa
fue la brisa marina de otro océano y otro continente lejos
del mío.
Pero también contenía los rastros de vida
capaces de despertar a los adormilados encinos
y crear flores por generación espontánea.

Lisboa fue amarilla,
ciudad de poesía y comida caliente frente al mar.
El arte, los mosaicos y demasiadas escaleras.
El portugués que monta las colinas
y también, un puente.

Me gustan más los puentes que los muros.

Por las mañanas era la ciudad de las campanas:
anuncios de movimiento y de luz.
Existimos en Lisboa.
Nos enamoramos de la vida y de la comida.
De nuestras culturas y las que no lo son.
De los pasados inventados y los endulzados.
De mi pasado,
mi apellido.

Hay rincones no tan ocultos que, si tenemos suerte, nos
regalan aire empaquetado.
Aire que guardamos toda la vida
y de vez en cuando nos deja respirar.

LA NIÑA MUERTA

Quieres que sea subversiva pero solo soy una niña.
Una niña muerta.
No estoy segura de si me asesinaron o me suicidé.
Pero sé que yo no quise morir.
Yo solo quise estar viva y no desilusionarme por estarlo.
No tentar a la muerte para que no se me acercase y
acabara con mi jugo de mango.
Pero se termina la infancia y se me congelan los sueños
que traje puestos como estandartes corriendo por la calle.
Luciéndolos con brillantina.

Me puse de pie para hacerle el amor a la bandera
¿Qué es eso de rendirle honores?
Ser patriota se volvió un pecado que no perdona Dios.
Es quizás peor que migrar y abandonar.

Recuerdo:
tener la esperanza con certeza de que ser adulto es una
caja de sorpresas.
Pero la única sorpresa es la muerte,
porque de niños no la esperábamos.
Ahora me piden que no sea tan agresiva.
Que no llore y que no grite.
Que no me lamente y que me levante a correr por las
mañanas procurando que no me atropellen.

¿Con qué derecho me piden que me quede callada?
Como si un siglo en silencio fuese suficiente para olvidar
mis objeciones.
Protesto,
necesito un siglo lleno de luces eléctricas
centellas y estrellas.

Es lo que obtendrán por pedirme lo injusto, ¿Qué es lo
que obtuve yo?
Quizás un trueno premonitorio de mi muerte.
El rayo del duelo: eterno y repetitivo.
Eterno y agotador.

Volverá la lluvia, todas las noches a una tumba.
Hay que despertar a la niña que murió.

TIENE QUE SER UN VIAJE

Esto tiene que ser un viaje.
Los templos y las catedrales, los mapas.
La ciencia, una brújula.
Nosotros, los exploradores,
los descubridores del universo,
los profetas y los escritores.
Los poetas.
Los libros sagrados y las letras que los escriben.
Tiene que existir la explicación de todas las religiones y
las guerras.
De todos los muertos y las civilizaciones que se
construyeron sobre sus cuerpos.
Los cadáveres que nos hemos comido,
los que hemos orinado encima sin decencia.
Una explicación de los aires que crueles han movido los
barcos de los conquistadores.
De los templos que hemos edificado para después
incendiarlos
hasta hacerlos cenizas.
¿Es que el sentido será desaparecer?
Que todos los esfuerzos de trascendencia sean en vano.
Un capricho iluso de los que creyeron tener poder.
La ruina de un imperio escondida en el universo.
Una leyenda.
¿Es qué de nuestra muerte surgirán las nuevas
mitologías?
Y un nuevo mundo
lleno de almas creyentes e infieles.

Que hagan sus mapas y sus brújulas
que construyan sus templos
para después dejar de creer en ellos.
Que se mueran y se maten
que se lloren y se lamenten
que se amen y se detesten
que condenen sus propias tentaciones
que se pregunten durante siglos
y que escriban su literatura,
sus oraciones.
Todo para que al final
no les quede ni lo más inútil,
la poesía.

ABSOLUCIÓN

No voy a resistirme a amar con inocencia.
Ya no van a verme morir envuelta en los días que he
vivido con inercia.
Ya no van a impedirme echarme al océano,
ni pintar de rojo mis rosales
y clavarme sus espinas
para honrar mi dolor.
Si no lo hago, lo olvido.
Olvido el pasado pero más importante,
me alieno en la costumbre,
me entierro en una siesta perpetua,
adicta a la anestesia del mundo,
la indiferencia.
El ángel no ignora mis ruegos ni quiere verme callada.
Por eso me es imposible volver al silencio.
Voy a tener que disculparme eternamente,
aunque sean disculpas falsas.

LA CASITA DEL DESIERTO

Si me compro una casita y me quedo a vivir sola en el
desierto intimidante.
Si me encierro en un templo lleno de escorpiones y cobras
y le escribo un diario al miedo.
Si enfrento mi juventud contemplando lo más antiguo
de este planisferio.
Si me voy lejos y atropello un perro.
Si dejo en las noches de encender mis velas.
Si dejo de escribirle entre lágrimas cartas a la soledad.
Si dejo de ignorar lo que no entiendo
y de pedirle respuestas a los narcisistas.
Si dejo de cansar mi cuerpo hasta que la concepción de
energía desaparezca de mí.
Me daré entonces cuenta de que todos hemos buscado lo
mismo.
En la guerra y en la paz
en todas las geografías
en todos los misterios que suponen los pasados.
Porque el dolor
también ha sido el mismo.

Tengo tendencia a llorar por todos los fracasos de la
humanidad.
por todos los perros que hemos atropellado,
con indiferencia.
¿Cuál será la única forma en la que podremos perdonarnos?

Todas las tierras se parecen a la mía
(a la que me han dicho que es la mía).

COCODRILOS

Me ha devuelto a la infancia cortésmente,
a adorarla
a cuestionarla
a desentenderla
a escribirla
a vivirla a través de la poesía
como forma de enfrentar la injusticia.

Nunca nadie dijo que este mundo no fuera cruel.

Fiel a la niña,
mi niña
mi mujer pequeña
mi espíritu de amor eterno.
            -Sal y muéstrate-
Ya puedes amar incondicionalmente.
No eres tonta ni inocente,
tampoco ilusa.
Ven,
ya puedes protegerte dentro de mí.
Muy dentro.
Te he construido una gran biblioteca
y un aposento con cortinas blancas
que vuelan con el aire hacia la cama,
aquí donde escuches al tren y al río
mientras viajamos por el agua.

Así me acompañarás mientras viajo,
pero muy tenuemente,
para que tú duermas, tú descanses.

Ven a África conmigo.

Huye de América,

de Europa,

huye de dónde has sufrido y has llorado.

Hasta que se nos acaben los continentes.

Ven y veme.
Lo que he hecho
lo que he visto
lo que te he escrito.
No lo creerías.
Pero aquí estoy navegando el río más largo
llamándote
escribiéndote
nombrándote
invocándote.

Ven a ver los cocodrilos momificados.
Están muertos.
Ya no pueden hacerte daño.

DESALMADA REBELDÍA

Tiempo fugitivo e insensible,
fracciones a bordo de barcos sin rumbo en movimiento
hacia el horizonte,
cautivos de desobediencia y espiritualidad.

Sumergirse en los ríos de la infancia,
en las aguas transparentes
de los anhelos independientes.

Desde el origen hasta la muerte,
una declaración de guerra.

Contempla tu pena desnuda
en la revolución natural del tiempo
y la discrepancia de tus pensamientos.

Obsérvate correr por las colinas del miedo.
Valentía apasionada,
sin ataduras ni obsesiones.

Comienza el vuelo,
mi ave del paraíso.
Como sueles hacerlo,
con desalmada rebeldía.

ÍNDICE